Snarky Christmas

Table of Contents

Table of Contents

Table of Contents

Table of Contents

Design size: 151 x 125 stitches

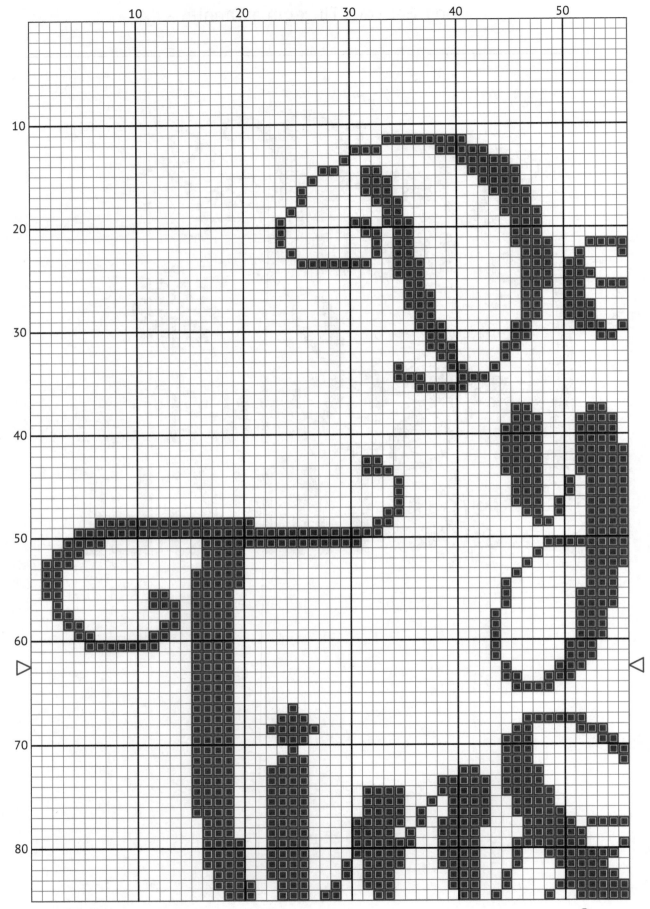

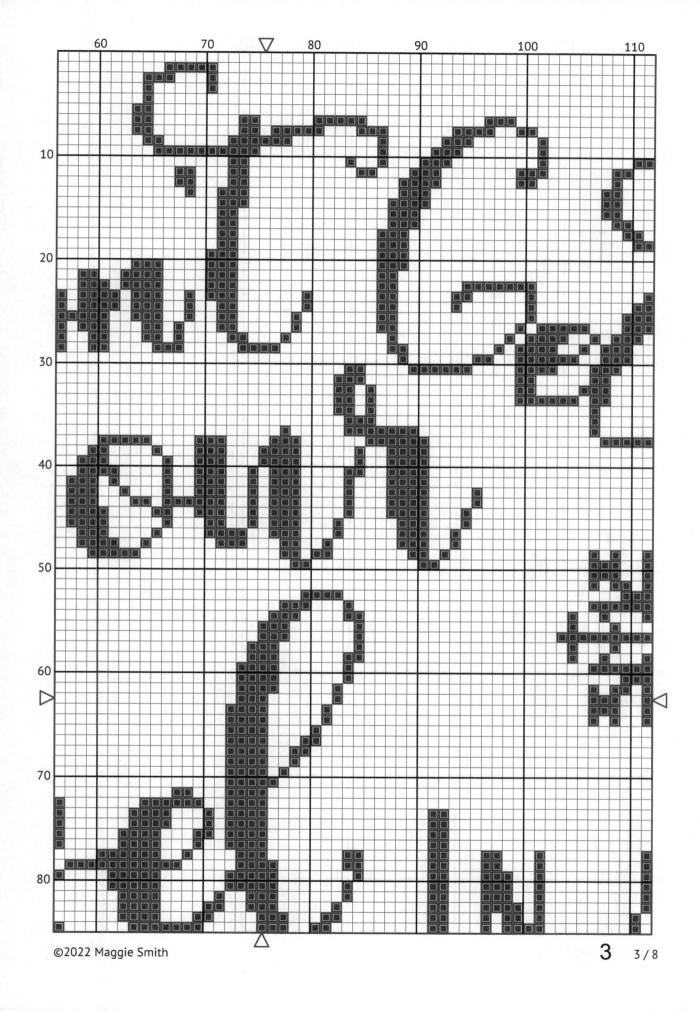

3 3 / 8

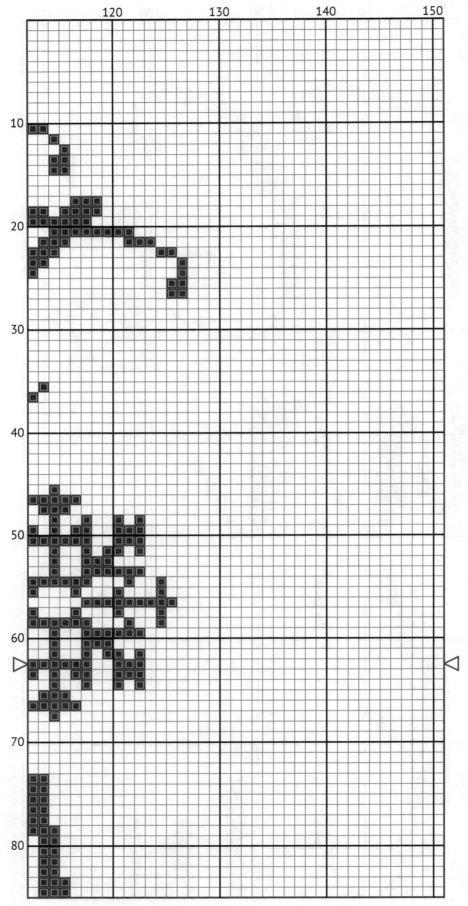

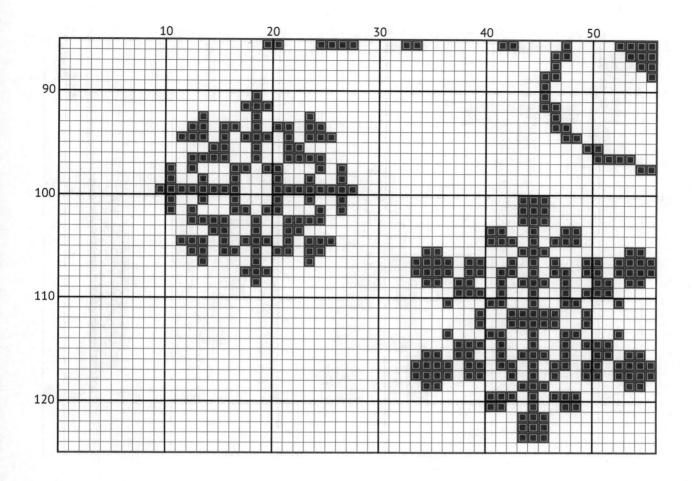

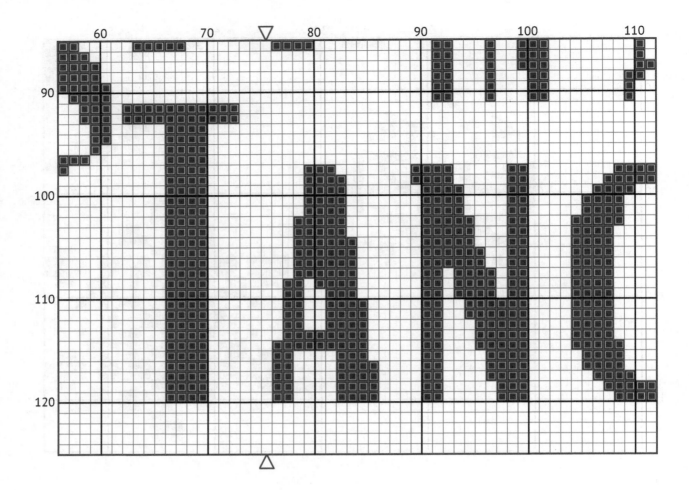

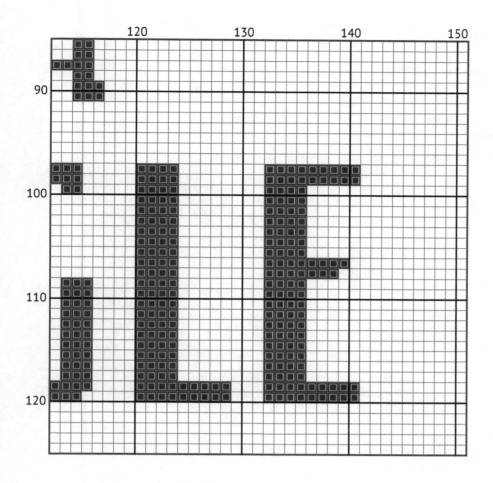

Floss List

Use 2 strands of thread for cross stitch

N	Symbol		Number	Name	Stitches
1	☐	■	DMC 310	Black	3286

Design size: 193 x 150 stitches

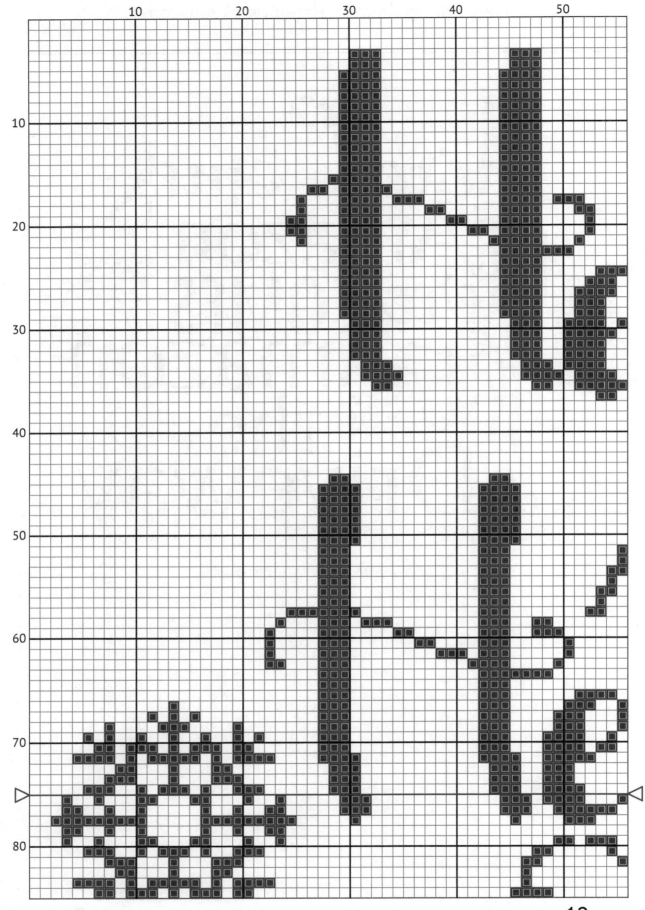

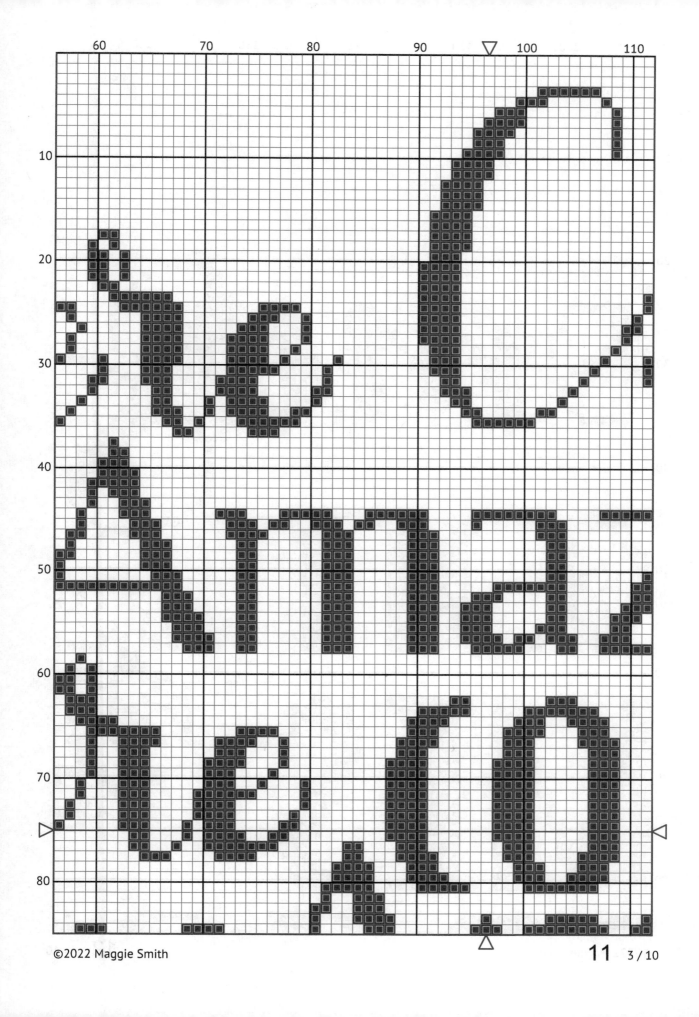

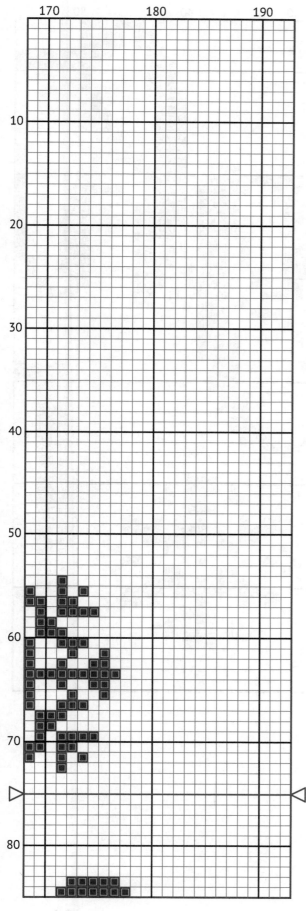

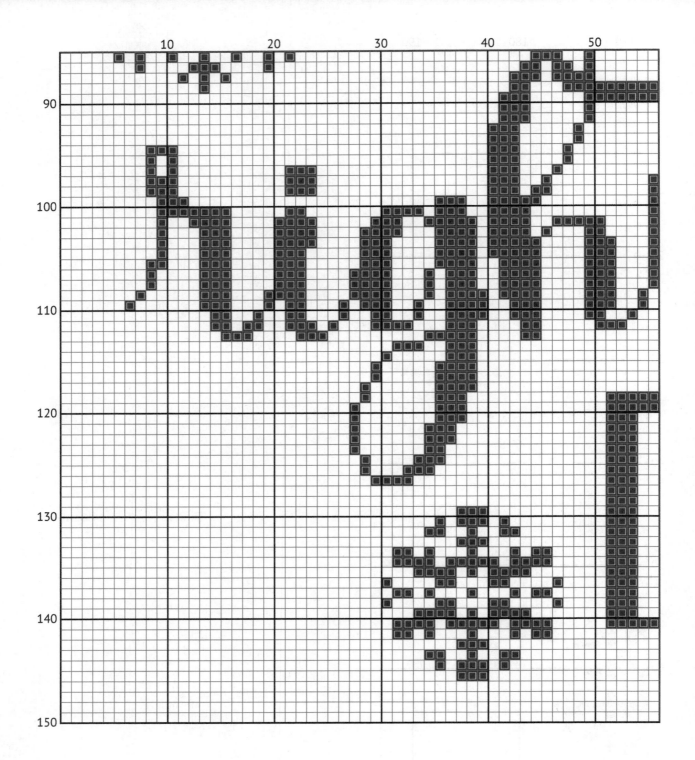

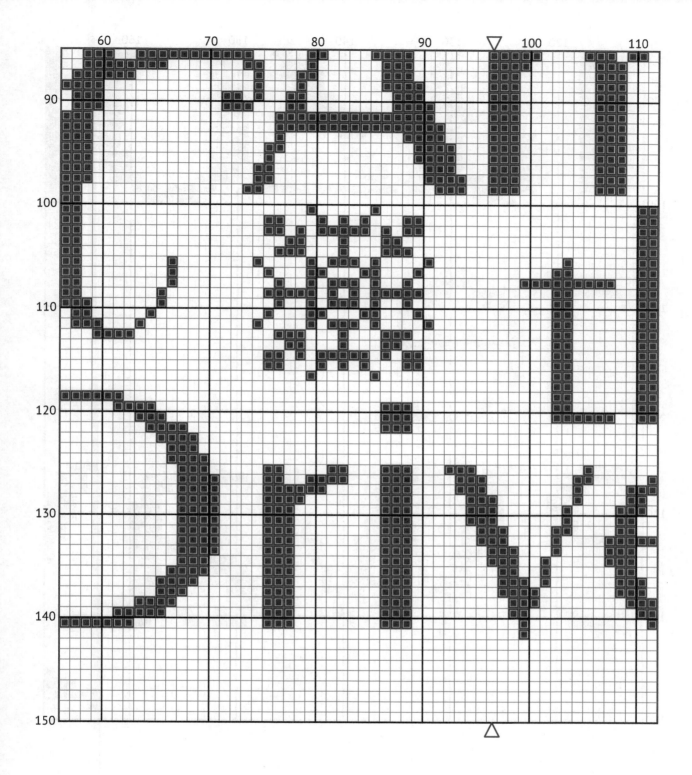

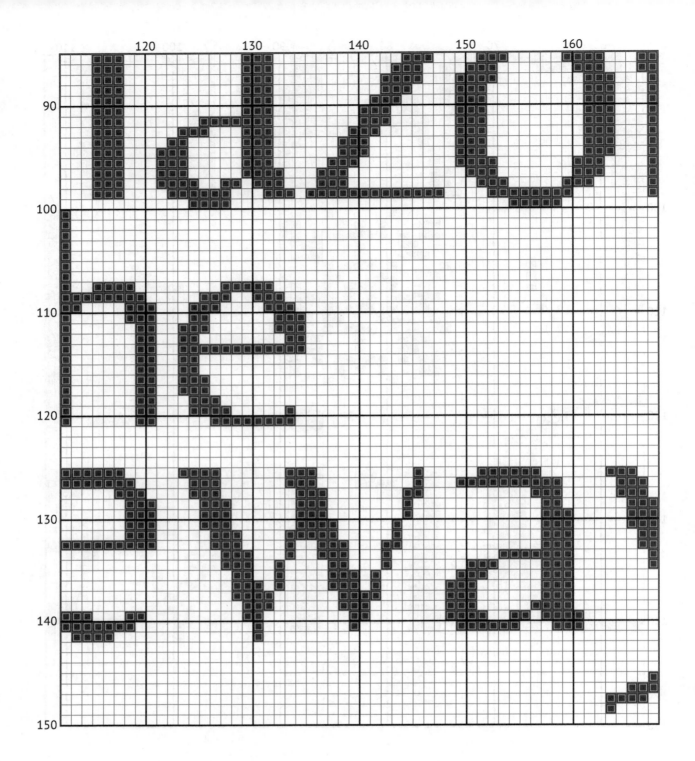

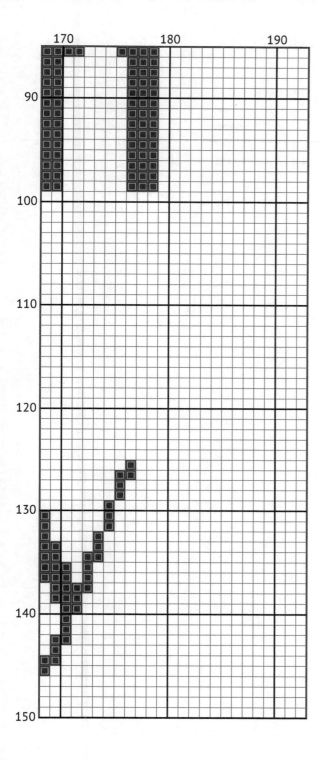

Floss List

Use 2 strands of thread for cross stitch

N	Symbol		Number	Name	Stitches
1	☐	◼	DMC 310	Black	5247

Design size: 132 x 120 stitches

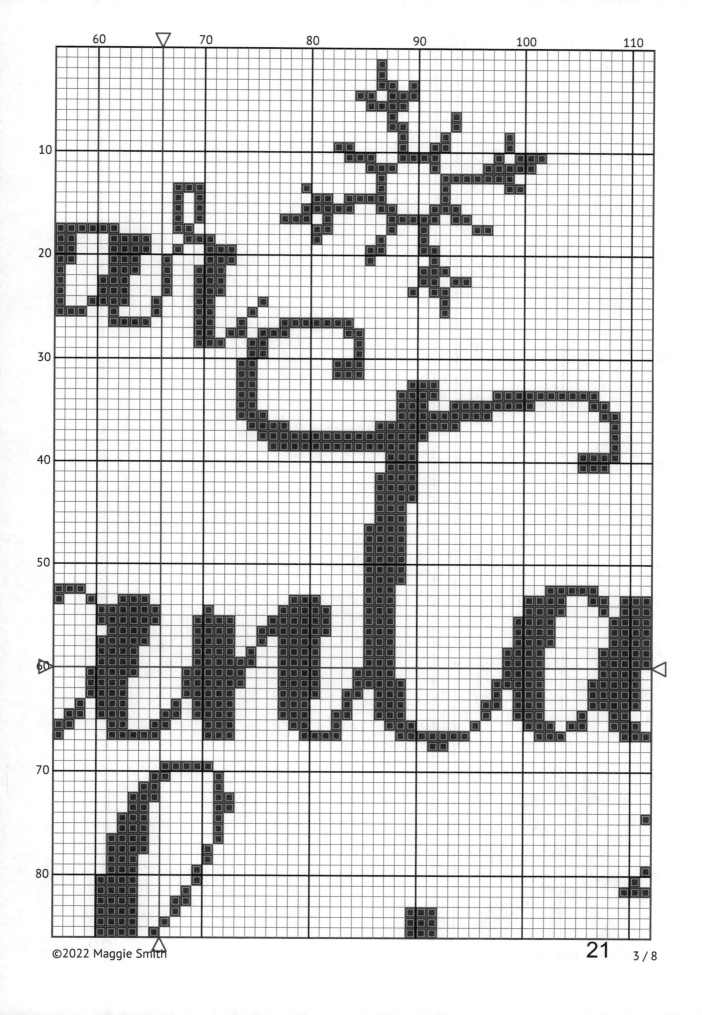

21

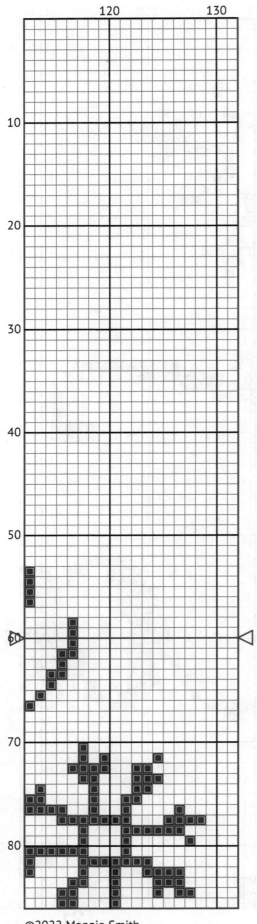

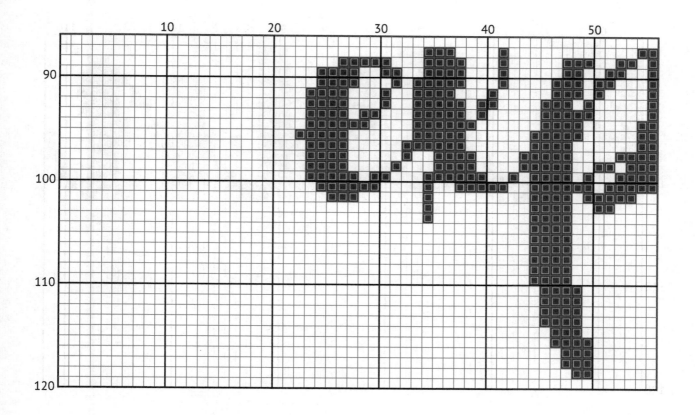

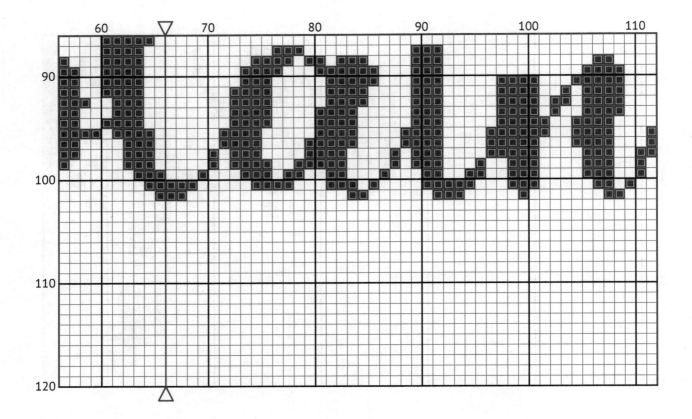

24

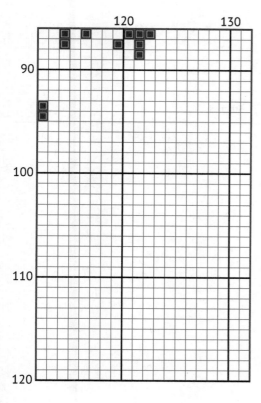

Floss List

Use 2 strands of thread for cross stitch

N	Symbol		Number	Name	Stitches
1	☐	■	DMC 310	Black	2625

Design size: 137 x 85 stitches

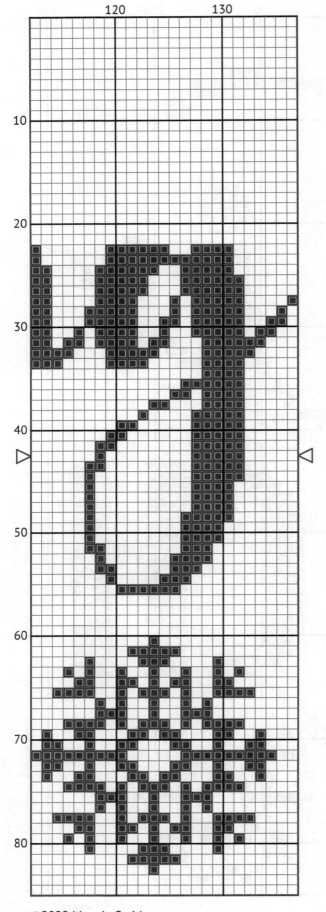

Floss List

Use 2 strands of thread for cross stitch

N	Symbol		Number	Name	Stitches
1	☐	◼	DMC 310	Black	3054

Design size: 132 x 53 stitches

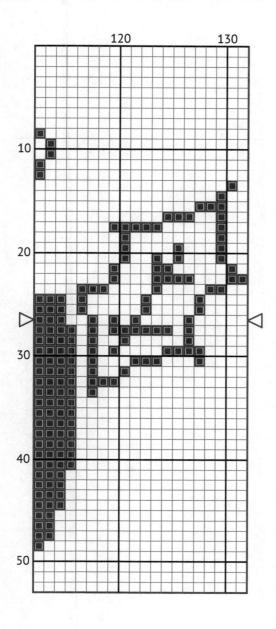

Floss List

Use 2 strands of thread for cross stitch

N	Symbol		Number	Name	Stitches
1	☐	◼	DMC 310	Black	1459

Design size: 200 x 73 stitches

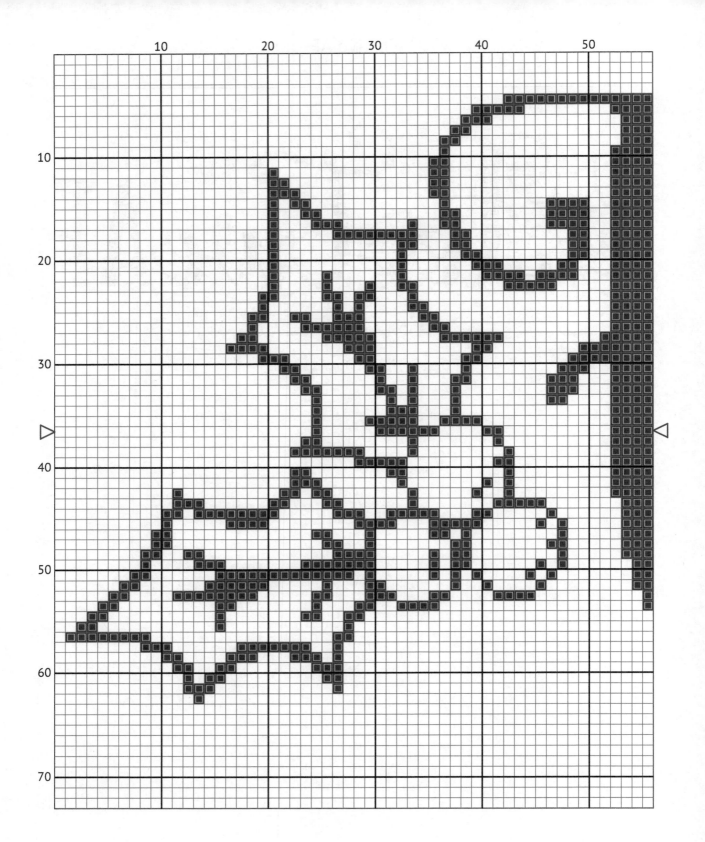

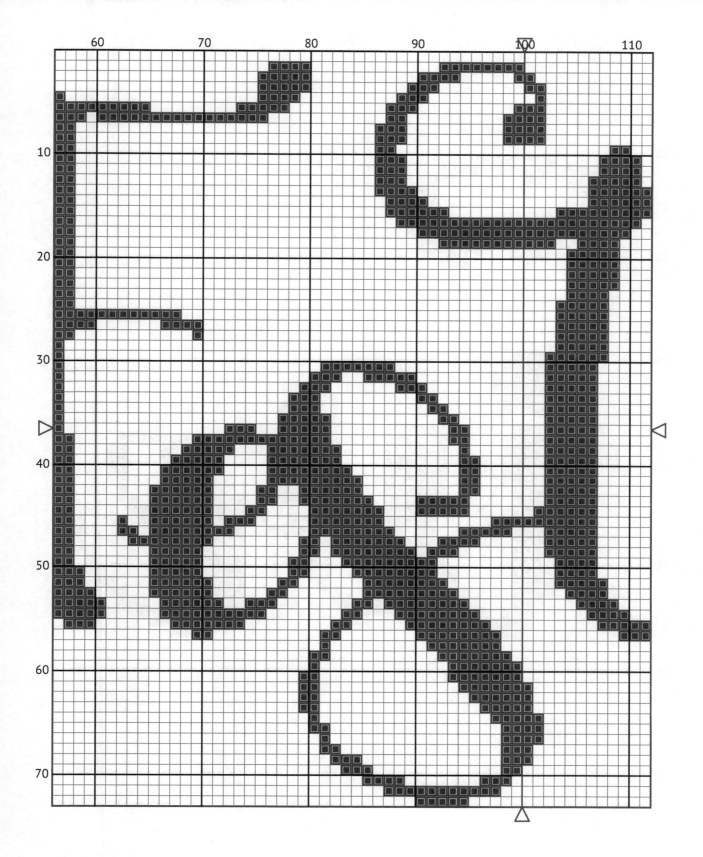

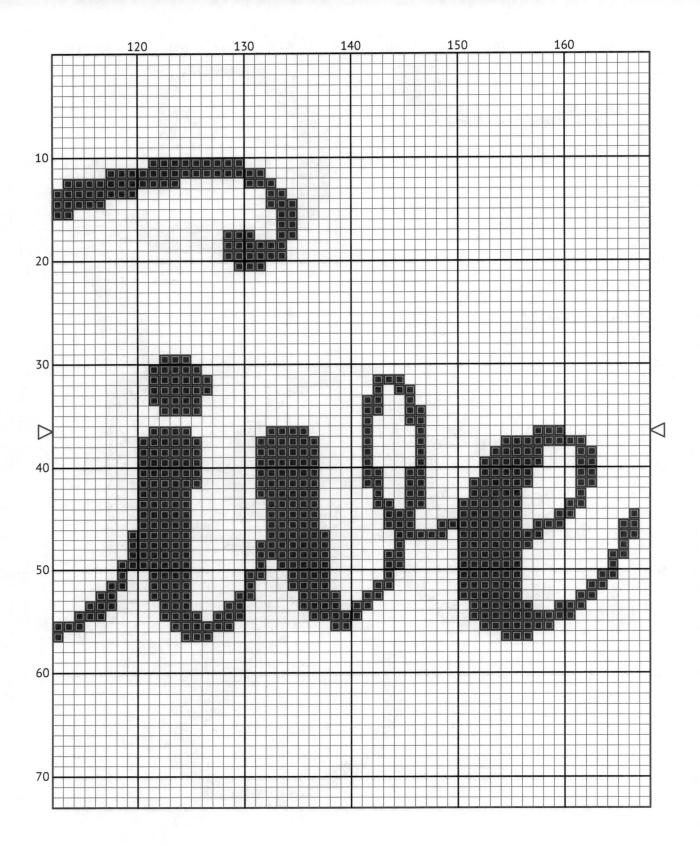

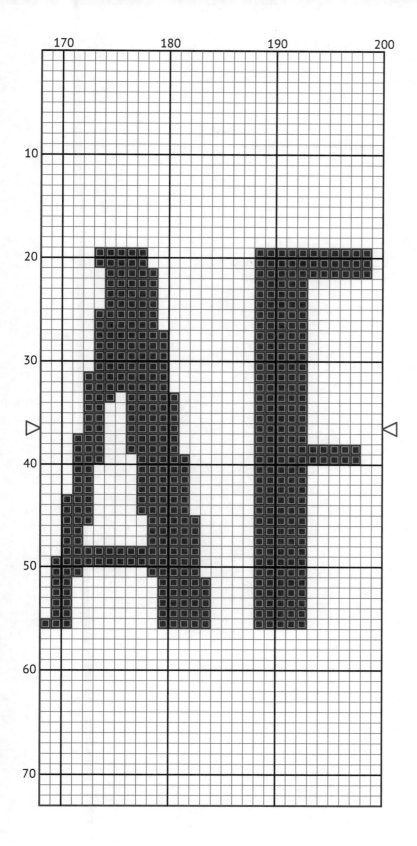

Floss List

Use 2 strands of thread for cross stitch

N	Symbol		Number	Name	Stitches
1	☐	■	DMC 310	Black	2765

Design size: 112 x 65 stitches

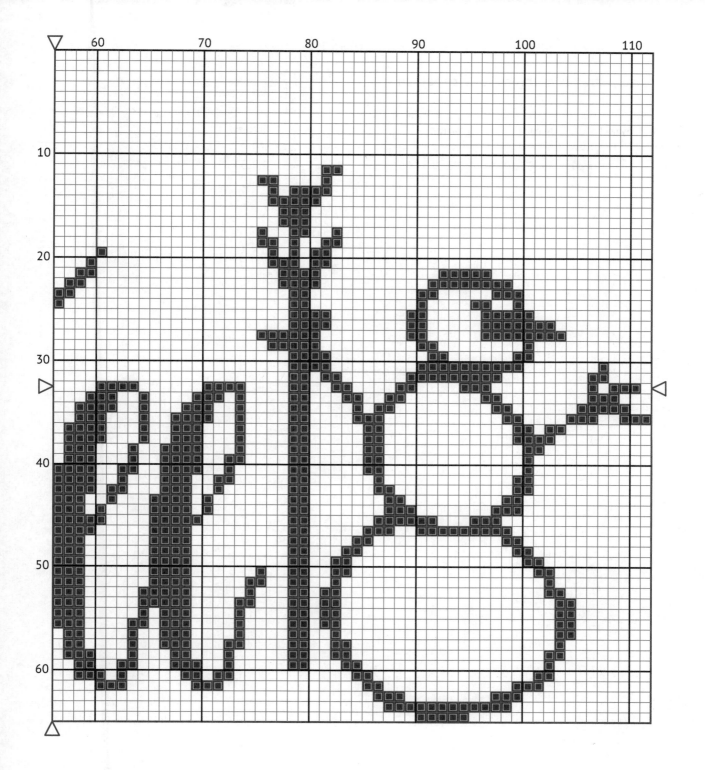

Floss List

Use 2 strands of thread for cross stitch

N	Symbol		Number	Name	Stitches
1	☐	◼	DMC 310	Black	1515

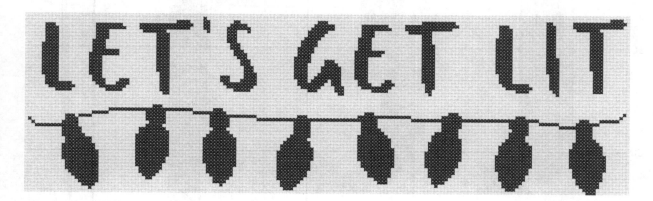

Design size: 180 x 55 stitches

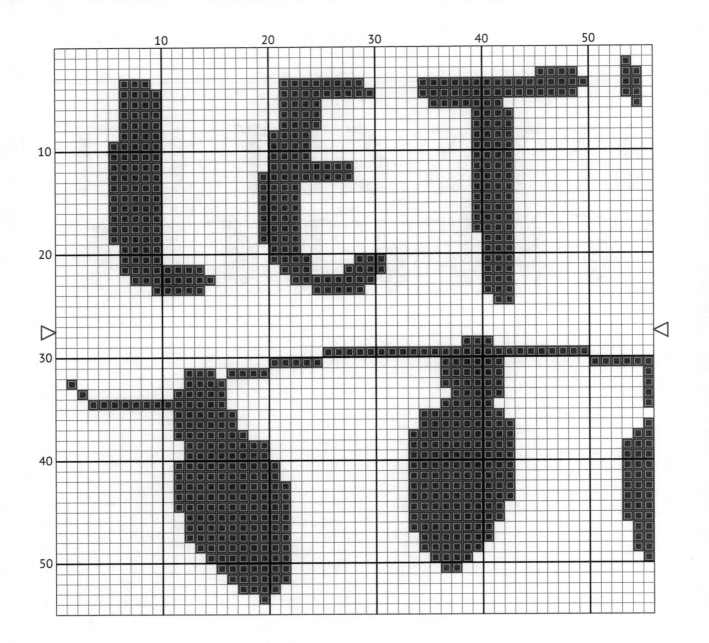

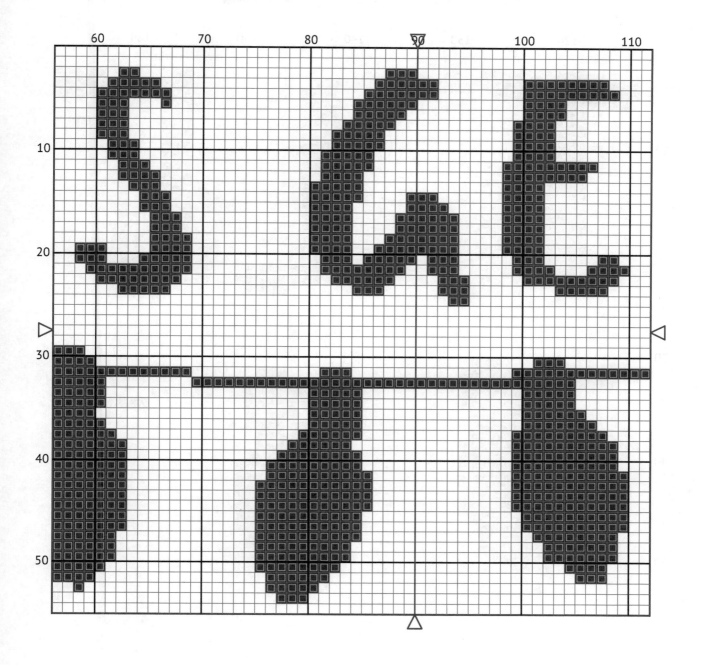

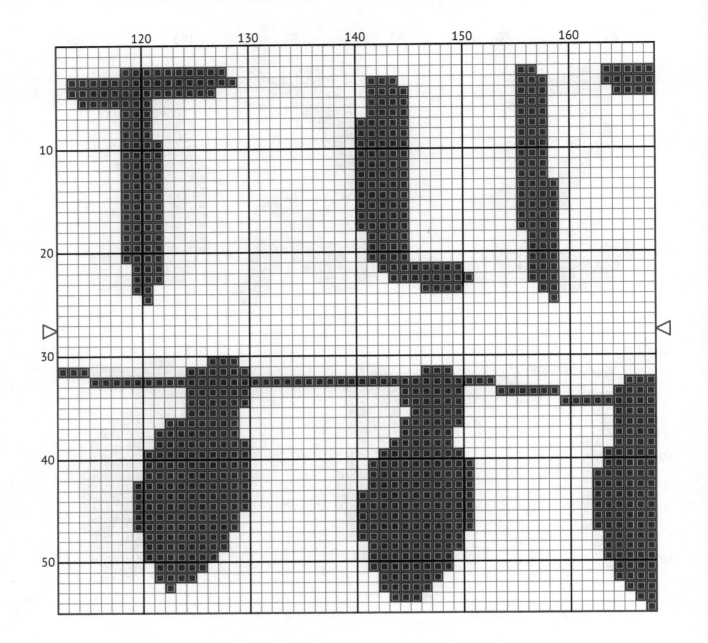

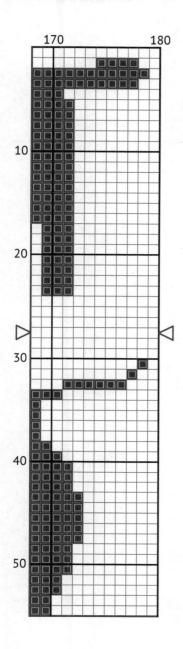

Floss list for crosses

Use 2 strands of thread for cross stitch

N	Symbol		Number	Name	Stitches
1	☐	◼	DMC 310	Black	2598

Design size: 187 x 84 stitches

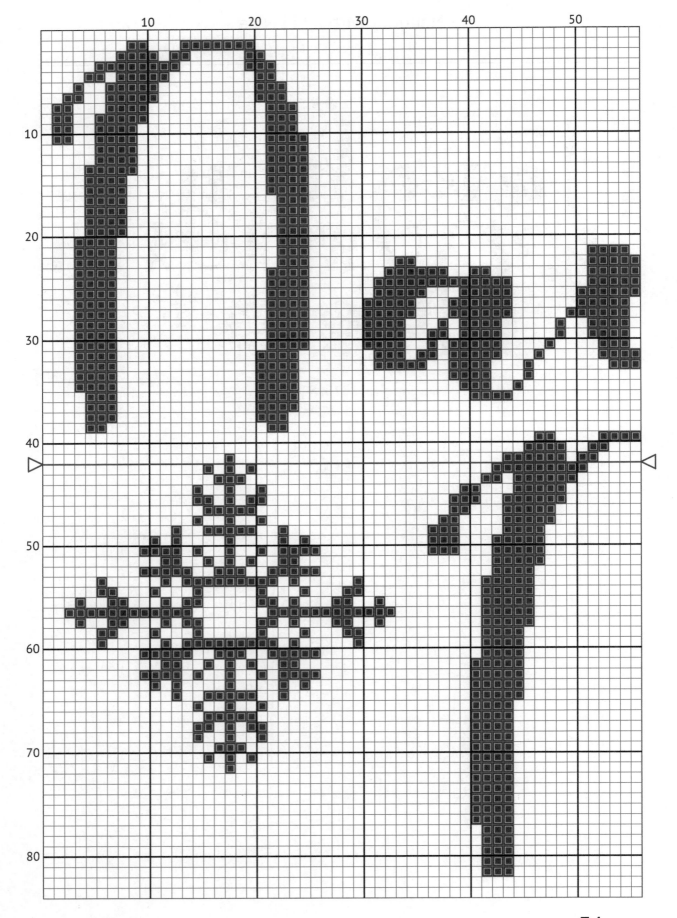

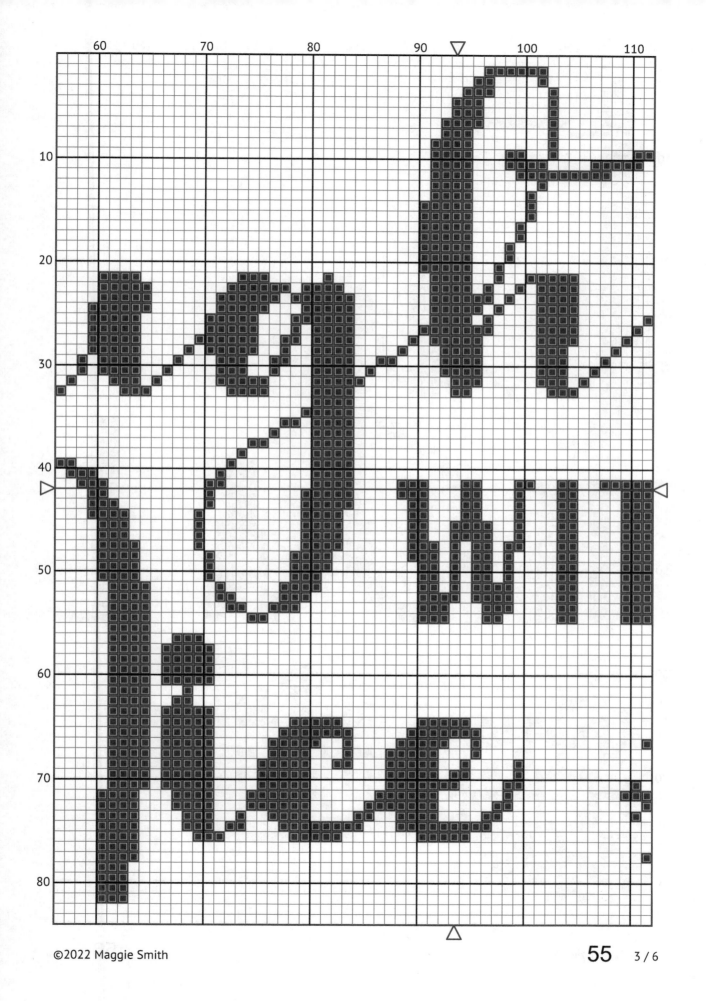

55 3 / 6

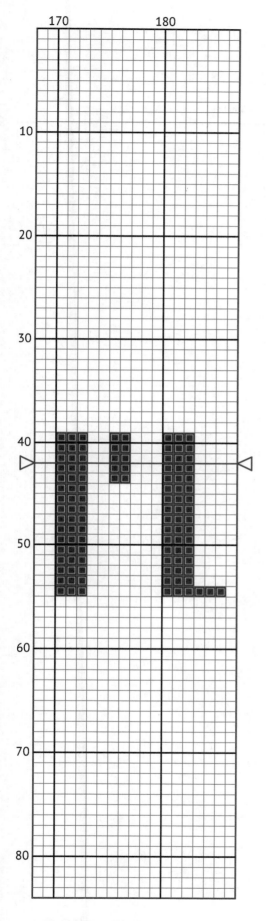

Floss List

Use 2 strands of thread for cross stitch

N	Symbol		Number	Name	Stitches
1	☐	■	DMC 310	Black	2944

Design size: 153 x 60 stitches

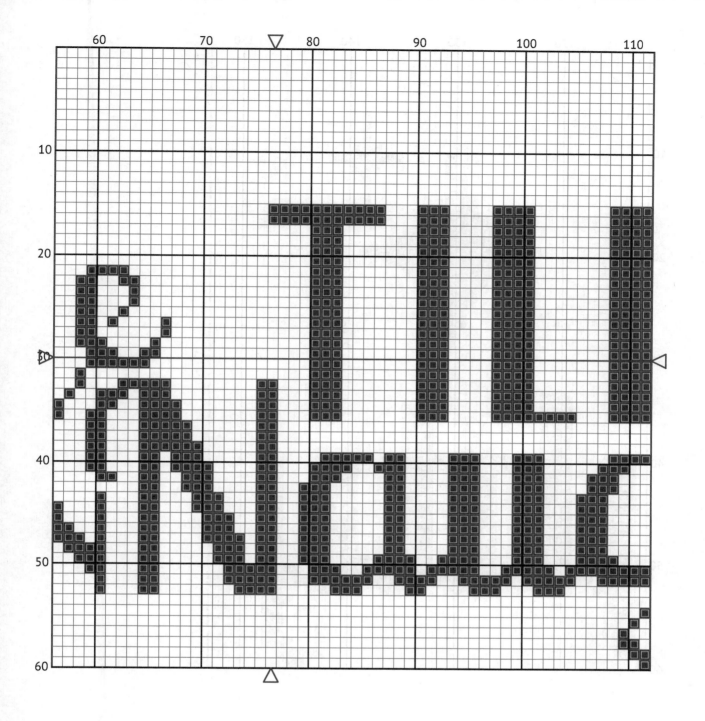

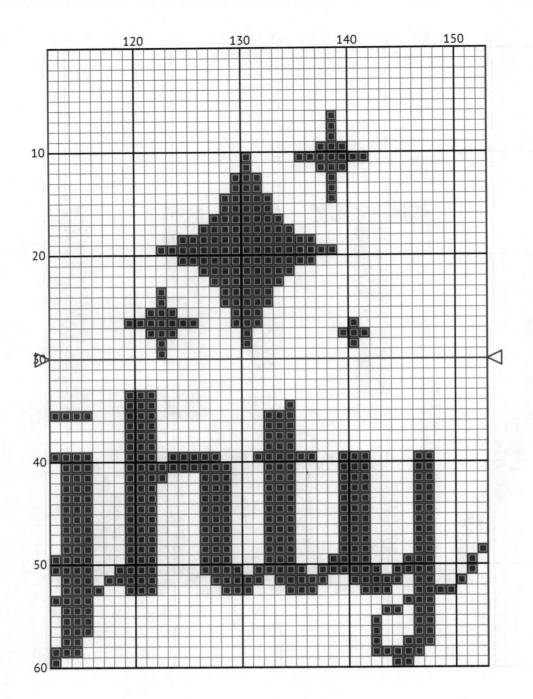

Floss List

Use 2 strands of thread for cross stitch

N	Symbol		Number	Name	Stitches
1	☐	■	DMC 310	Black	1975

Progress Log

Date	Stitches	Date	Stitches	Date	Stitches	Date	Stitches

Progress Log

Date	Stitches	Date	Stitches	Date	Stitches	Date	Stitches

Progress Log

Date	Stitches	Date	Stitches	Date	Stitches	Date	Stitches

Progress Log

Date	Stitches	Date	Stitches	Date	Stitches	Date	Stitches

Progress Log

Date	Stitches	Date	Stitches	Date	Stitches	Date	Stitches